So geht's:

Das Beispiel zeigt, wie du mit miniLÜK spielst. Die Übung findest du auf Seite 2 und 3. Öffne das miniLÜK®-Kontrollgerät und lege den durchsichtigen Boden des Kontrollgerätes auf die untere Übungsseite deines miniLÜK-Heftes.

Nimm Plättchen 1. in die Hand und sieh dir Aufgabe 1. an. Hier siehst du einen Korb mit Gemüse.
Lege Plättchen 1. auf die passende Gemüsegruppe auf der unteren Seite. Die Ziffer 1 muss dabei nach oben schauen.

So spielst du weiter, bis alle 12 Plättchen auf dem durchsichtigen Teil des Kontrollgerätes liegen und keine Bilder mehr zu sehen sind. Dann schließt du das Kontrollgerät und drehst es um. Wenn du das bei der Übung abgebildete Muster siehst, hast du alles richtig gemacht.

Passen einige Plättchen nicht in das Muster, löst du diese Übungen noch einmal.

Stimmt es jetzt?
Dann nun viel Spaß!

AF645919

1

2

3

4

5

6

7

8

9

10

11

12

Conni hilft im Garten. Ordne richtig zu.

1

2

3

4

5

6

7

8

9

10

11

12

1

2

3

4

5

6

7

8

9

10

11

12

Conni räumt ihre Spielsachen auf. Ordne richtig zu.

1

2

3

4

5

6

7

8

9

10

11

12

1

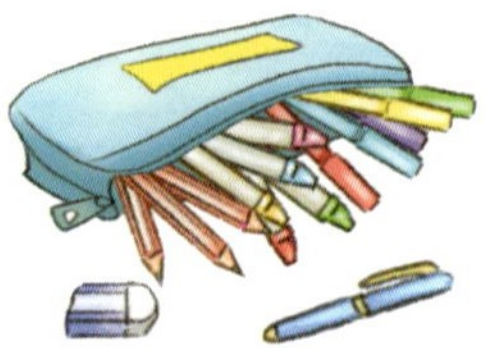

2

3

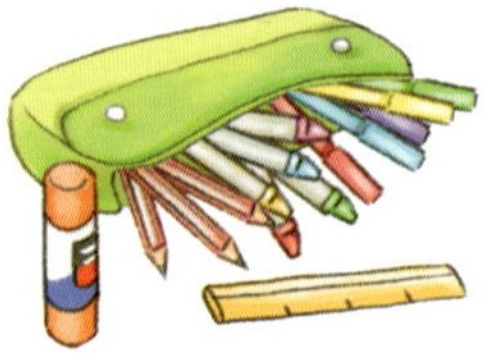

4

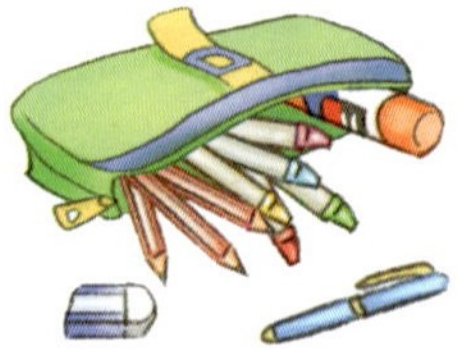

5

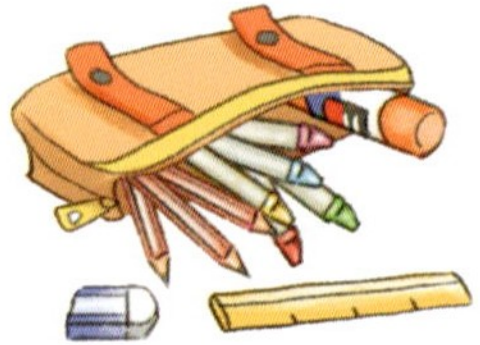

6

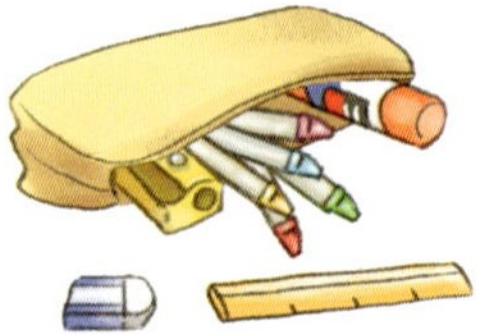

7

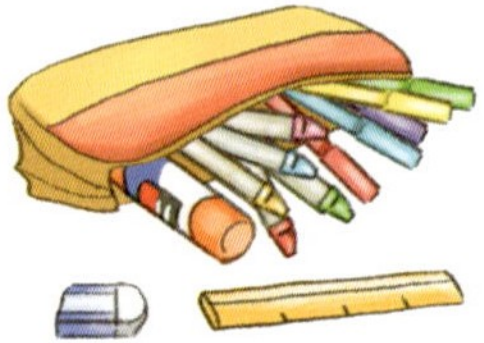

8

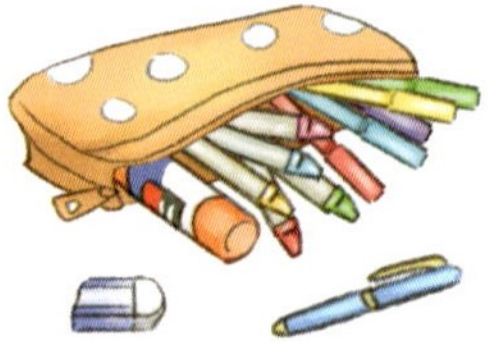

9

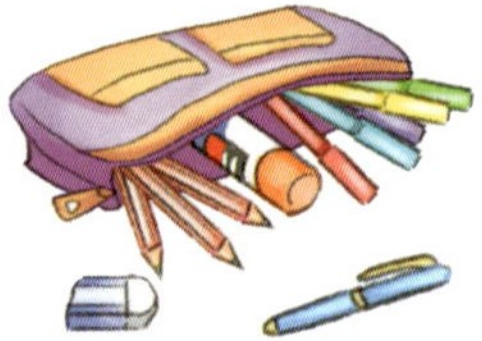

10

11

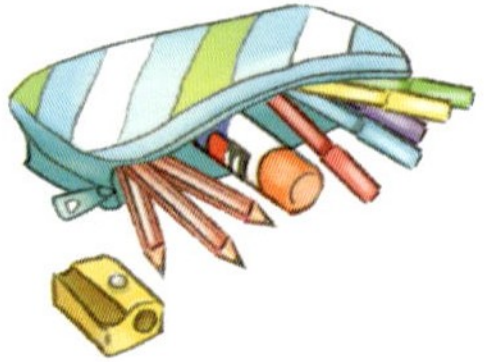

12

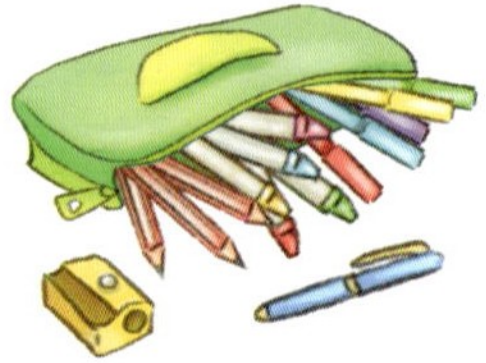

Conni sortiert ihr Federmäppchen. Ordne richtig zu.

1

2

3

4

5

6

7

8

9

10

11

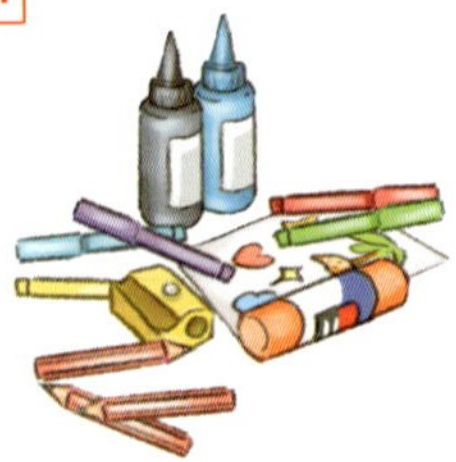

12

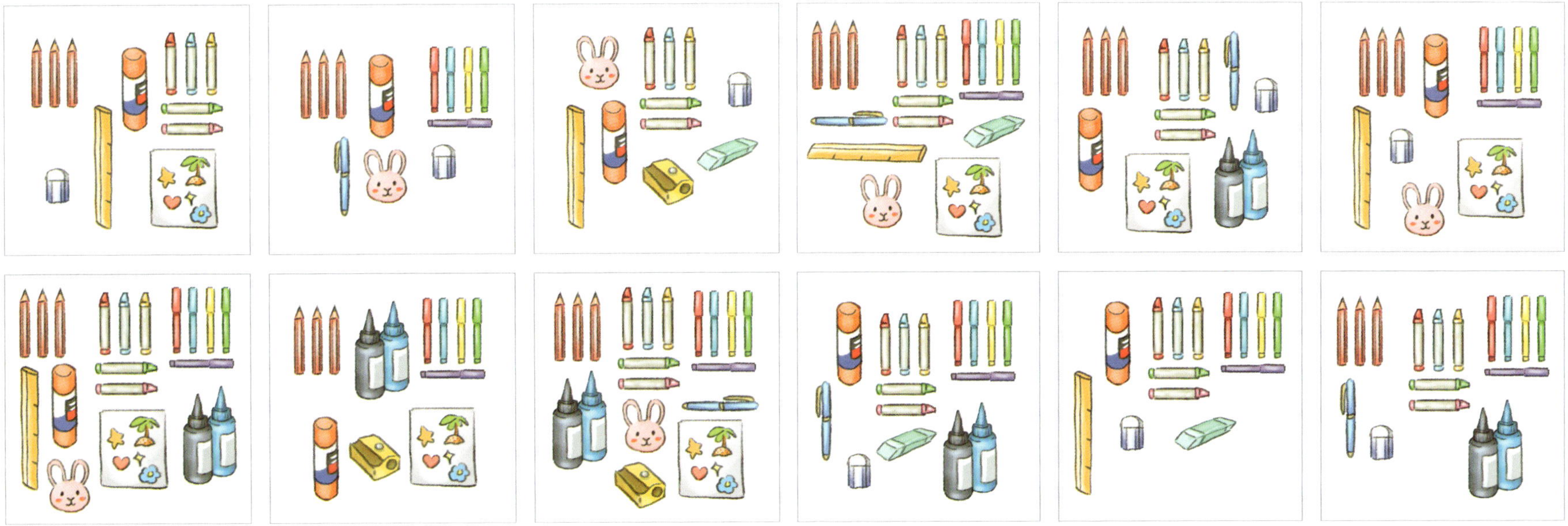

1

2

3

4

5

6

7

8

9

10

11

12

Conni spielt Verkleiden. Ordne richtig zu.

1

2

3

4

5

6

7

8

9

10

11

12

1

2

3

4

5

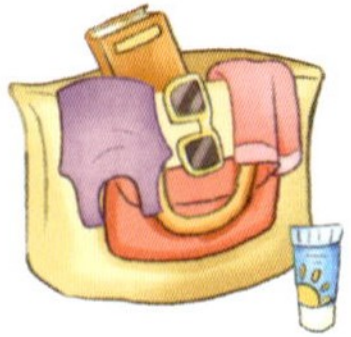

6

7

8

9

10

11

12

Conni verbringt einen Tag am See. Ordne richtig zu.

1

2

3

4

5

6

7

8

9

10

11

12

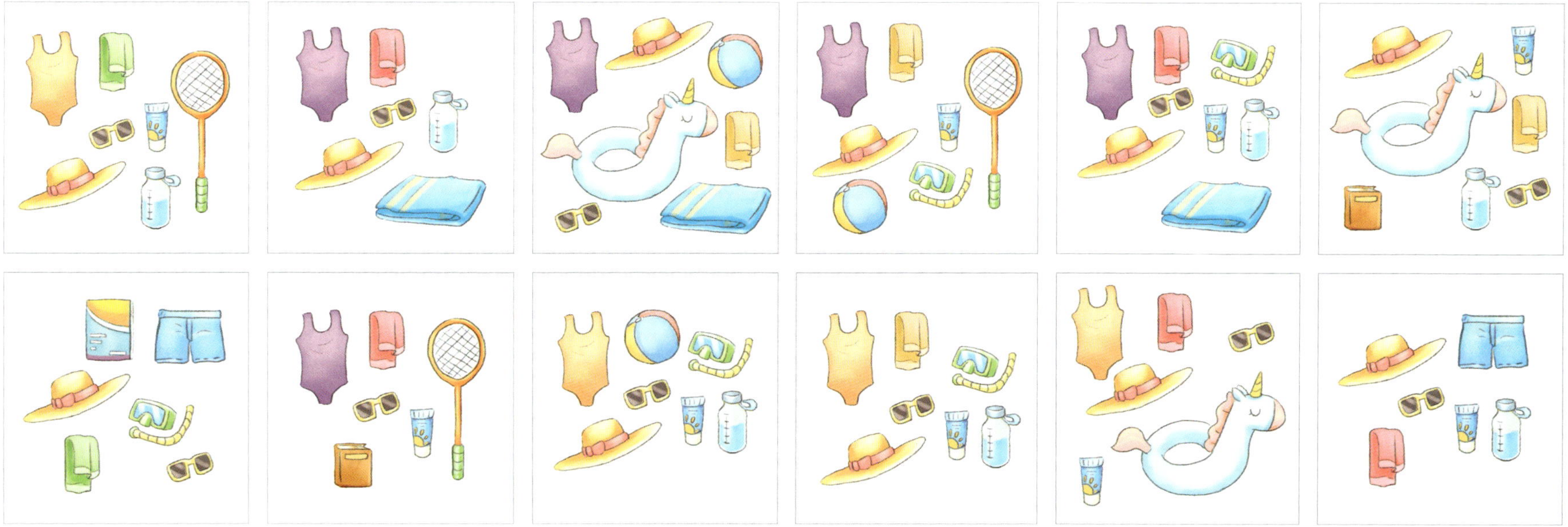

1

2

3

4

5

6

7

8

9

10

11

12

Conni sammelt Bastelmaterial. Ordne richtig zu.

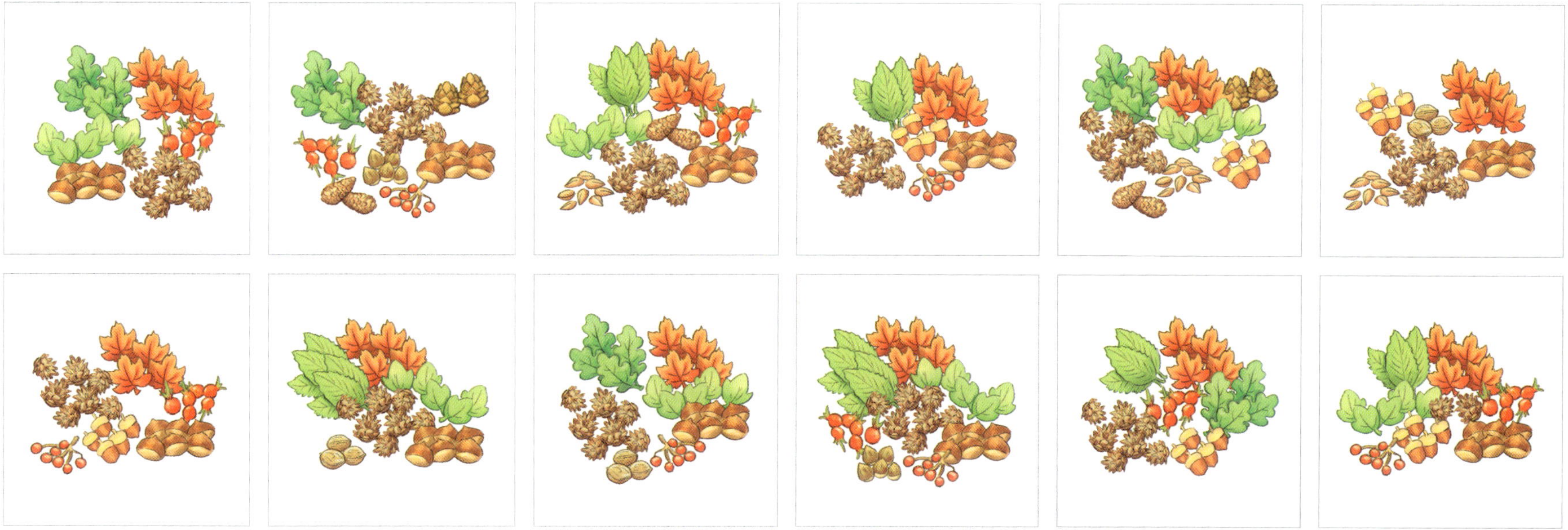

1

2

3

4

5

6

7

8

9

10

11

12